LA
PROSTITUTION

DEVANT

L'ACADÉMIE DE MÉDECINE
DE BELGIQUE

PAR

O. COMMENGE

DOCTEUR EN MÉDECINE DE LA FACULTÉ DE PARIS

LAURÉAT DE L'INSTITUT ET DE L'ACADÉMIE DE MÉDECINE

MÉDECIN EN CHEF ADJOINT DU DISPENSAIRE DE SALUBRITÉ

OFFICIER DE LA LÉGION D'HONNEUR, ETC.

PARIS

ASSELIN et HOUZEAU

Libraires de la Faculté de Médecine

PLACE DE L'ÉCOLE-DE-MÉDECINE

1888

LA
PROSTITUTION

DEVANT

L'ACADÉMIE DE MÉDECINE
DE BELGIQUE

PAR

O. COMMENGE

DOCTEUR EN MÉDECINE DE LA FACULTÉ DE PARIS
LAURÉAT DE L'INSTITUT ET DE L'ACADÉMIE DE MÉDECINE
MÉDECIN EN CHEF ADJOINT DU DISPENSAIRE DE SALUBRITÉ
OFFICIER DE LA LÉGION D'HONNEUR, ETC.

PARIS
ASSELIN et HOUZEAU
Libraires de la Faculté de Médecine
PLACE DE L'ÉCOLE DE MÉDECINE

1888

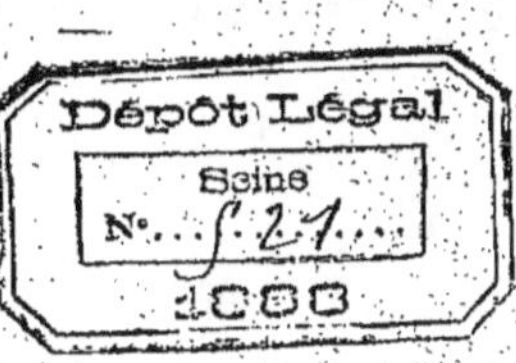

AVANT-PROPOS

En publiant sous une forme nouvelle un travail qui a paru dans le *Bulletin médical*, j'ai voulu répondre aux désirs qui m'ont été exprimés de différents côtés.

J'ai résumé de mon mieux, avec la plus grande impartialité, tout ce qui a été dit à l'Académie de médecine de Belgique.

Si j'ai mis en relief quelques points spéciaux, si j'ai voulu en démontrer l'importance, c'est qu'il m'a paru utile de faire un peu de lumière dans une question que l'on cherche à obscurcir.

J'ai désiré apporter le modeste tribut de mon expérience à un sujet qui est à l'étude en divers lieux.

En ne touchant qu'à certains côtés de ce problème si complexe, j'aurai montré au moins, je l'espère, que je parle avec bonne foi, de choses que je connais.

15 janvier 1888.

LA PROSTITUTION

DEVANT L'ACADÉMIE DE MÉDECINE DE BELGIQUE

Au moment où l'Académie de médecine de Paris va commencer la discussion du très remarquable rapport de M. le professeur Fournier, sur la prophylaxie publique de la syphilis, il m'a semblé qu'il pouvait y avoir un sérieux intérêt à faire connaître l'opinion des hommes distingués qui ont traité cette question en Belgique.

L'Académie de médecine de Belgique a été saisie de la question, dans la séance du 31 juillet 1886, par un important mémoire de M. le Dr Thiry, professeur à l'Université de Bruxelles et ancien président de l'Académie de médecine de Belgique.

Le travail de M. le Dr Thiry intitulé : « *Hygiène sociale : de la prostitution* » a été le point de départ d'une longue et très intéressante discussion qui a occupé une partie des séances de l'Académie, du 31 juillet 1886 au 28 mai 1887 ; ce n'est que le 29 octobre 1887 que les conclusions ont été définitivement votées. Un grand nombre d'orateurs, parmi les médecins distingués de la Belgique, ont pris part à cette discussion. Je dois constater qu'il y a eu presque unanimité dans l'affirmation que la réglementation de la prostitution était indispensable, au point de vue de la prophylaxie de la syphilis. Seul M. le Dr Moeller a défendu avec conviction, avec courage et avec un grand talent la thèse contraire ; mais, à la fin de la discussion, ses opinions ont paru se modifier et il a protesté contre l'idée, qu'on lui attribuait, de soutenir la liberté de la prostitution.

Je vais essayer de résumer, en suivant l'ordre chronologique des séances, les opinions émises par nos distingués confrères de Belgique.

1

M. le Dr Thiry constate que toutes les questions d'hygiène publique sont du domaine de l'Académie et que les pouvoirs publics s'empressent de la consulter toutes les fois qu'il s'agit de prendre des mesures qui intéressent le bien général ; il en a été ainsi pour le choléra, pour le typhus, pour la petite vérole, etc. Il sollicite son intervention pour limiter les ravages d'une maladie grave, entre toutes, de la syphilis.

En donnant quelques extraits de la communication de M. le Dr Thiry, je ferai connaître immédiatement le mobile qui le fait agir et le but qu'il se propose :

« En 1843, l'Académie royale de médecine ouvrit une discussion sur « l'hygiène de la prostitution et adoptait un règlement qui prescrivait les « visites régulières et fréquentes des filles publiques, comme moyen pro-« phylactique rationnel devant prévenir, dans une certaine mesure, la « propagation des maladies syphilitiques ou en restreindre la gravité.

« Ce règlement, proposé par l'Académie, fut accepté par l'Administration « communale de Bruxelles et son application ne tarda pas à produire les « résultats les plus satisfaisants. Ces résultats furent tels, qu'à partir de « 1844 jusqu'en 1880, la capitale belge fut considérée, au point de vue de « la propagation de la syphilis, comme la ville la plus saine de l'Europe. « Aussi son règlement fut-il bientôt imité dans presque toutes les grandes « villes du continent. C'était un solennel hommage rendu à son utilité et à « son efficacité.

« Malheureusement une telle situation ne devait pas durer.

« En 1880, sans motifs sérieux, il se constitua une société qui se « donna le nom de Société de *moralité publique* et qui inscrivit à son pro-« gramme la suppression de toute visite sanitaire préventive. Tout d'abord « nous crûmes que le souci de la santé et de la sécurité publique aurait « promptement raison d'une croisade dont le succès devait être désastreux. « Nous ne nous étions pas beaucoup ému de cette entreprise, qui assumait « la tâche de faire supprimer les mesures les plus salutaires et de réformer « les mœurs elles-mêmes.

« Mais bientôt on vit se grouper autour de quelques innovateurs témé-« raires et imprudents, un grand nombre d'hommes d'une honorabilité « connue, au nom respecté.

« L'association, étant constituée, entra résolument en campagne. Me « souvenant de la discussion qui avait eu lieu précédemment au sein de « l'Académie de médecine de Belgique, je crus devoir, déjà, à cette épo-« que, ayant l'honneur de présider cette assemblée, intervenir dans une « polémique assez vive, engagée dans la presse politique.

« L'association nouvelle se livra à de vigoureux efforts ; elle fit un appel

« pressant à tous ceux qui prennent conseil d'aspirations idéales, plutôt
« que des nécessités de la vie réelle ; elle parvint à tromper parfois l'opinion
« publique sur ses véritables intérêts et à jeter dans certains esprits l'hé-
« sitation et le doute.

« Dans ces circonstances, je crois remplir un devoir en venant dans cette
« enceinte jeter un *cri d'alarme*. Il appartient à l'Académie de faire une
« fois encore la lumière. C'est dans cet esprit que je vous demande la per-
« mission de vous présenter, Messieurs, les considérations qui vont suivre. »

M. le Dr Thiry fait remarquer que la lutte est engagée actuellement,
comme elle l'était autrefois, entre ceux qui veulent la prostitution libre
et ceux qui tiennent à imposer à cette plaie sociale une réglementation efficace. Il s'étonne que des hommes distingués aient prêté l'appui de leur
nom à une cause insoutenable et il explique cette façon d'agir par ce fait
que ces hommes restent dans les régions idéales, sans se préoccuper du
côté pratique des questions. Les ligues qui se sont constituées depuis plusieurs années, en se réclamant de la *moralité publique*, semblent se flatter
d'abolir la prostitution et de faire disparaître la réglementation officielle.
Pour M. le Dr Thiry, la prostitution est un mal nécessaire : « les temps
anciens ont connu cette plaie sociale, l'avenir la subira. » Il examine cette
question, au point de vue historique, et voit que partout la prostitution
a existé et a été reconnue comme une nécessité fatale. Il cite, à ce propos,
une parole bien caractéristique de Saint Augustin : « Supprimez les prostituées,
vous troublez la société par le libertinage. » Ce que veulent les adversaires
de la réglementation de la prostitution, c'est faire proclamer que la prostitution soit libre comme à Londres et que l'organisation actuellement en
vigueur en Belgique soit supprimée. Par contre, tous ceux qui ont souci de
la santé publique demandent l'inscription des filles publiques, l'obligation
pour elles de se soumettre aux visites sanitaires et la poursuite à outrance
de la prostitution clandestine, source de presque toutes les maladies syphilitiques. M. le Dr Thiry compare la prostitution aux établissements insalu-
bres et en conclut que les autorités locales ont le droit de prendre contre
elle les garanties de sécurité admises contre la propagation des maladies
épidémiques. Il soutient que les adversaires de la réglementation ont été
jusqu'à prétendre, même devant la cour de cassation, que l'inscription des
filles publiques constitue un acte d'excitation à la débauche, puni par le
code pénal. La cour suprême a fait bonne justice de ces théories et par un
arrêt du 2 février 1848 elle a décidé : « L'inscription ne constitue nullement
une excitation à la débauche, et partant un acte attentatoire aux mœurs
et réprouvé par la loi ; cette inscription d'office, ainsi que les visites sanitaires ordonnées, sont des mesures de police, prises dans l'intérêt général,
ayant pour but de soumettre les filles, déjà perdues de mœurs et notoirement livrées à la prostitution, à la surveillance de l'autorité locale et à des

précautions sanitaires sans lesquelles la santé publique serait gravement compromise. »

M. le Dr Thiry montre que les adversaires de la réglementation ne cherchent qu'une chose, c'est que la prostitution soit libre comme en Angleterre. Il affirme que le jour où ces théories seraient mises en pratique, la prostitution clandestine la plus effrénée ne tarderait pas à sévir, entraînant à sa suite les maladies vénériennes, la syphilis, la dégradation physique et morale de l'espèce humaine. Les documents qu'il a publiés démontrent, jusqu'à la dernière évidence, que la prostitution clandestine est la source de presque toutes les maladies syphilitiques, que les affections vénériennes sont d'autant plus rares, d'autant moins dangereuses, que la débauche est plus énergiquement surveillée ; ils prouvent que les filles clandestines malades sont beaucoup plus nombreuses que les filles soumises.

M. le Dr Thiry demande que les filles soumises soient protégées, de façon à ce qu'elles soient plus intéressées à se soumettre aux mesures réglementaires qu'à s'y soustraire. Si elles sont atteintes d'une maladie contagieuse, il voudrait qu'elles fussent traitées avec bienveillance dans les hôpitaux ordinaires.

II

A cette partie essentielle de sa communication, M. le Dr Thiry a apporté un complément très important en donnant connaissance du discours qu'il avait prononcé le 26 décembre 1881 à la Société royale de médecine publique de Belgique sur la question à l'ordre du jour : « De la syphilis, des moyens de la combattre. »

M. le Dr Thiry commence par établir que la prostitution ne constitue pas un délit. Répondant ensuite à certains membres de l'assemblée qui supposent que la vulgarisation de l'instruction fera disparaître la prostitution, M. le Dr Thiry affirme qu'il n'y a pas là une question d'instruction et qu'il faut oublier l'entraînement des passions humaines pour faire de pareilles hypothèses.

Il étudie l'antiquité et il voit que partout, en Grèce comme à Rome, la prostitution a existé et s'est développée, sous toutes les formes ; il montre que les lois répressives inspirées par les philosophes, par les légistes, par les philanthropes, n'ont pu rien contre elle ; la religion n'a pas obtenu davantage.

Pour que la prostitution disparût, il faudrait une transformation radicale de l'espèce humaine.

La prostitution ne pouvant pas être considérée comme un délit et la liberté individuelle étant garantie par la Constitution, il s'en suit que la société est obligée de la subir ; mais la société n'est pas désarmée pour cela contre les maux que cette dissolution morale peut provoquer.

La question étant ainsi bien posée et bien étudiée, je ne saurais mieux faire que de donner des extraits de la démonstration.

« Quelles que soient les théories émises au point de vue de la liberté
« individuelle, cette liberté ne peut pas aller jusqu'à compromettre les
« intérêts d'autrui et notamment la santé publique.

« Dès que la prostitution engendre des maux ou cause du dommage à
« des personnes complètement étrangères à cette dissolution morale, cette
« dernière doit être réprimée de manière à empêcher et à prévenir les ré-
« sultats nocifs qu'elle produit.

« C'est ici une question d'hygiène publique.

« En vain nous objectera-t-on que l'homme devrait être assez sage pour
« ne pas s'exposer à contracter des maladies dangereuses et à se compro-
« mettre avec des personnes qui se livrent notoirement à la prostitution. A
« cette objection nous répondrons que cette sagesse est tout à fait théorique
« et ne se rencontre pas malheureusement dans la pratique.

« J'ai dit précédemment que la loi ne pouvait intervenir parce que la
« prostitution ne réunit pas les conditions constitutives d'un délit.

« Qui donc alors interviendrait pour empêcher les maux qui en résultent ?

« Evidemment les administrations communales. Les administrations ont,
« en effet, pour mission de prendre toutes les mesures que prescrit le soin
« de la salubrité publique.

« Vous savez qu'on ne peut tolérer dans une agglomération quelconque
« les établissements qui compromettent la sécurité ou la sûreté des habi-
« tants.

« Or, a prostitution est de nature à compromettre gravement la sûreté
« publique, il est donc du devoir de l'autorité communale de prescrire des
« mesures, d'établir des règlements capables de protéger efficacement les
« intérêts les plus précieux de ses administrés contre la propagation de
« maladies graves. Vous n'ignorez pas que ces maladies se répandent avec
« une facilité étonnante et atteignent souvent des familles tout entières qui
« sont restées étrangères aux désordres dont elles sont les victimes.

« Aussi ne pourrions-nous assez protester contre les utopies généreuses
« qui, dans ces derniers temps, ont fait beaucoup de bruit et qui ne
« tendraient à rien moins qu'à sacrifier l'intérêt général des honnêtes gens
« à l'intérêt isolé de quelques éhontés qui prétendent monopoliser à leur
« profit, les droits sacrés de l'inviolabilité et de la liberté de la femme.

« Dès qu'on admet que la prostitution doit être surveillée, vous recon-
« naissez que toute fille ou femme qui s'y livre doit être inscrite et que toute
« femme inscrite doit être soumise à des visites sanitaires sérieuses et
« complètes. »

Après avoir montré les conséquences désastreuses qu'aurait, au point de vue de la syphilis, *l'indifférence* de l'autorité dans la question de la prostitution ; après avoir dit que le pouvoir judiciaire n'a jamais méconnu les

droits des administrations en ce qui regarde la prostitution et la réglementation de la prostitution, M. le Dr Thiry ajoute :

« Il est donc incontestable que l'inscription des filles publiques et leur
« surveillance sanitaire est une mesure d'intérêt public que les administra-
« tions communales ont le droit d'appliquer et qu'en favorisant, en généra-
« lisant cette mesure, on limite considérablement l'extension de la prosti-
« tution clandestine et conséquemment la propagation des maladies
« vénériennes et syphilitiques.

« Cette mesure, essentiellement hygiénique, marche à l'égal de toutes
« celles qui ont été promulguées jusqu'à ce jour dans l'intérêt de la santé
« publique et contre lesquelles personne n'a jamais réclamé.

« Personne, en effet, ne s'est avisé de protester contre les garanties de
« sécurité prises contre la propagation du choléra, de la petite vérole, de la
« rage, des épidémies épizootiques, et cependant ces garanties, le plus
« souvent, portaient atteinte à la liberté individuelle, à l'inviolabilité des
« intérêts particuliers.

« Est-ce que par hasard la syphilis, qui n'est pas moins grave que les
« affections que je viens d'énumérer, aurait pour certains esprits, des privi-
« lèges exceptionnels ?

« Ne l'oubliez pas, messieurs, c'est à l'inscription des filles publiques,
« c'est aux mesures sanitaires consciencieusement appliquées que la capitale
« de la Belgique doit d'avoir vu diminuer successivement le nombre des
« maladies syphilitiques qui affligent encore les populations de la plupart
« des grandes villes d'Europe.

« Je n'ignore pas qu'on a cherché à établir que la prostitution tolérée et
« surveillée propageait tout aussi facilement les maladies vénériennes et
« syphilitiques que la prostitution clandestine. Pour soutenir cette singulière
« opinion, on a même invoqué la statistique, comme si nous ne savions pas
« qu'avec une certaine habileté on pouvait donner aux chiffres, groupés de
« telle ou telle manière, la signification que l'on voulait.

« Je ne m'arrêterai pas à discuter une semblable opinion, qui est con-
« traire au bon sens comme aux faits établis. Je ne m'attacherai pas à
« démolir de telles statistiques qu'il suffit d'examiner un instant pour en
« démontrer la fausseté. Il ressort par trop clairement que les prostituées
« clandestines pouvant à volonté dissimuler leurs maladies ou en être
« atteintes sans le savoir, les propagent d'autant plus facilement, que très
« souvent elles exercent un attrait plus considérable sur les personnes avec
« lesquelles elles ont toute latitude de se mettre en relation.

« On nous dira que les prostituées clandestines, atteintes de maladies
« contagieuses, iront de leur propre volonté réclamer des soins médicaux,
« soit chez un médecin, soit à l'hôpital.

« L'erreur de ceux qui professent une telle opinion est complète. Si une
« prostituée clandestine est malade et qu'elle ne soit pas internée dans un

« service spécial, jusqu'à guérison radicale, les faits ont prouvé que,
« nonobstant sa maladie, elle s'abandonnera à la débauche, toutes les fois
« que ses intérêts ou que ses passions l'y entraîneront. Elle propagera
« donc sciemment ou inconsciemment la maladie; elle la propagera sa-
« chant qu'on ne peut lui appliquer aucune mesure coercitive ou répres-
« sive. »

M. le Dr Thiry prouve qu'il y a eu augmentation dans le nombre d'entrées à l'hôpital de Lourcine de Paris, dans les années où on attaquait la
police des mœurs et où l'on déployait, par suite, moins d'énergie dans la
répression de la prostitution clandestine; il montre que lorsque la réglementation de la prostitution fut supprimée à Berlin en 1846, on vit la syphilis faire de grands ravages parmi les ouvriers et parmi les soldats; aussi
la réglementation de la prostitution fut-elle rétablie en 1850; il fait voir
enfin qu'en Belgique, le nombre des maladies vénériennes et syphilitiques
a été toujours en diminuant, toutes les fois qu'on a pris des mesures rigou-
reuses contre la prostitution clandestine.

Parlant ensuite de jeunes Anglaises trouvées dans des lupanars de
Bruxelles et à propos desquelles l'administration de cette ville a été accusée
de faire *la traite des blanches,* il établit que ces jeunes personnes, soi-disant
innocentes et pures, avaient été admises dans son service d'hôpital et
trouvées atteintes de syphilis constitutionnelle. Les symptômes constatés
fournissaient la preuve que le point de départ était d'origine anglaise et
que leur séjour en Belgique n'avait pas été assez long pour que de sem-
blables manifestations aient eu le temps de naître et de se développer sur
le sol belge.

C'est l'histoire de ces Anglaises qui a été le prétexte d'une campagne
violente contre la réglementation de la prostitution à Bruxelles.

Passant à un autre sujet, M. le Dr Thiry réfute les assertions de ceux
qui prétendent que les femmes sont inscrites, malgré leur volonté, et
qu'elles ne peuvent plus quitter une maison de prostitution, dès qu'elles y
sont entrées.

M. le Dr Thiry fait aussi remarquer que les femmes n'ont pas pour les
visites sanitaires cette appréhension que leur prêtent certaines personnes;
il traite plus loin, de la façon d'examiner les femmes et des meilleures
méthodes d'investigation.

J'ai déjà fait de nombreux emprunts aux discours de M. le Dr Thiry;
mais j'aurais encore beaucoup à citer, si je voulais donner une idée complète
du grand talent, de la méthode d'observation et du sens pratique qui dominent dans tout ce que M. le Dr Thiry a écrit, d'une façon magistrale, sur la

prostitution. Je terminerai l'analyse que j'ai faite, par deux citations qui semblent absolument topiques dans la question.

A propos de la tolérance accordée à une certaine catégorie de prostituées de se faire visiter à leur domicile, M. le Dʳ Thiry dit avec juste raison :

« A Bruxelles, on n'a pu se décider à contraindre toutes les prostituées à « se rendre au dispensaire. On a cru que les femmes habitant ce que l'on « appelle les maisons de premier ordre, formaient une catégorie spéciale à « laquelle on a accordé certains privilèges, entre autres la faculté d'être « examinées à domicile.

« Je vous l'avoue, je conteste ce privilège, non seulement parce qu'il « blesse la dignité de confrères estimables, mais parce qu'il est dangereux « et injuste.

« Devant la morale, toutes les prostituées sont égales et il n'y a pas « à établir entre elles une distinction que rien ne légitime. Désormais, je « l'espère, toutes les filles publiques, quelle que soit la catégorie à laquelle « elles appartiennent, se rendront au dispensaire, comme elles se rendent « à l'hôpital.

« Avant de terminer, je dois encore insister sur la défense absolue, « imposée aux médecins chargés de la surveillance hygiénique des maisons « de débauche, de traiter les femmes à domicile. »

Dans deux autres annexes à son discours et dans des polémiques soutenues dans les journaux politiques, M. le Dʳ Thiry défend la même Thèse. Je crois avoir montré, dans les citations que j'ai données et dans le résumé que j'ai fait de sa communication, sa manière de voir. Il me semble superflu d'entrer dans d'autres développements.

Je crois utile cependant d'examiner quelques-uns des points traités par M. le Dʳ Thiry.

IV

C'est avec juste raison que M. le Dʳ Thiry affirme que la prostitution clandestine est la principale source des maladies vénériennes et syphilitiques ; c'est avec une égale raison qu'il assure que les prostituées clandestines continuent leur commerce, alors même qu'elles sont malades.

Ce qui se passe à Bruxelles se produit de la même façon à Paris. Il suffit d'être médecin du dispensaire de salubrité depuis quelques mois, pour être frappé du nombre considérable de maladies syphilitiques que l'on rencontre parmi les insoumises, c'est-à-dire parmi les femmes faisant de la prostitution clandestine ; c'est aussi dans cette classe de prostituées que l'on rencontre les cas de syphilis les plus graves, je pourrais dire les plus monstrueux. Il n'est pas de semaine où l'on ne voie des phénomènes syphilitiques tout à fait exceptionnels.

Ces femmes, atteintes des accidents syphilitiques les plus sérieux, on continué, pendant plusieurs mois, à se livrer à la prostitution, alors qu'elles savaient très bien qu'elles étaient malades.

Comme j'aurai l'occasion de revenir, plus loin, sur cette question de la prostitution clandestine, je passe à un autre point traité par M. le D\u02b3 Thiry.

Notre distingué confrère s'élève contre la concession faite à certaine classe de prostituées d'être visitées à leur domicile.

La protestation de notre confrère me semble des plus justes; elle a d'autant plus d'à propos que tout récemment, dans un projet de réglementation proposé à M. le Préfet de police, au nom d'une commission spéciale, le rapporteur, M. le D\u02b3 Le Pileur, demande qu'on imite ce qui se passe à Bruxelles.

L'article XIII de ce projet de règlement porte :

« Une expérience sera faite pendant une période de deux années, sur la « possibilité de visiter à domicile les filles inscrites qui en feraient la de-« mande. »

M. le D\u02b3 Thiry donne des raisons sérieuses pour qu'on supprime cette concession faite à Bruxelles. Que dirait-il pour Paris ?

A Bruxelles, le nombre des femmes visitées chez elles est fort restreint; les inconvénients ne sont pas, par suite, considérables. Mais à Paris, où il y a près de 3,000 femmes en carte, venant à peu près régulièrement à la visite, comment arriverait-on à faire examiner toutes ces femmes à domicile ? Il faudrait un personnel médical exceptionnellement nombreux.

On n'a pas réfléchi à cet autre côté de la question qui mérite bien cependant qu'on s'y arrête minutieusement, c'est que de pareilles visites se feraient dans de très mauvaises conditions. On n'aurait pas, évidemment, à sa disposition un fauteuil spécial sur lequel la femme est couchée dans les meilleures conditions, au point de vue de la facilité de l'examen. Il faudrait se contenter d'une chaise ou d'un fauteuil ordinaire et alors la femme se trouverait placée dans des conditions plus que difficiles; le médecin serait obligé de se baisser pour essayer d'arriver à faire un examen quelconque; il y aurait gêne pour la femme, gêne pour le médecin et, en définitive, malgré toute la bonne volonté, examen sommaire, approximatif et, par conséquent, examen détestable. On dira peut-être que si la chaise ou si le fauteuil est défectueux, on trouvera toujours un lit sur lequel la femme pourra être plus ou moins bien placée. Il existe, en effet, toujours un lit, qui après avoir servi aux commodités des clients, pourra être momentanément mis à la disposition du médecin chargé de l'examen sanitaire; mais le lit est souvent loin de la fenêtre, dans des conditions où le jour ne favorise pas une expertise minutieuse des organes de la femme. La lumière artificielle sera insuffisante, le médecin ne pouvant pas tenir, à la fois, le chandelier et le spéculum. Faudra-t-il qu'il appelle à son aide une voisine, pour lui rendre le service de tenir la chandelle ? En outre, pense-t-on que le jour désigné pour la visite sanitaire, la femme fermerait sa porte à ses clients ou aux amateurs de passage? Évidemment non. Il arriverait donc alors que le médecin se présenterait pour remplir son rôle de médecin hygiéniste, au moment même où la femme serait occupée à des travaux intimes !

Vraiment, cette conception est aussi détestable au point de vue pratique qu'au point de vue de la dignité professionnelle ; on ne s'explique pas que des médecins de haute valeur aient pu la recommander. Que dire maintenant de cet examen en tête à tête, de cet examen en comité secret!

C'est pour le coup que les amateurs de scandale, que les calomniateurs s'en donneraient à leur aise et accuseraient les médecins de toute espèce de compromissions avec les femmes qu'ils seraient chargés d'examiner !

Inutile d'insister sur ce côté de la question.

C'est cependant ce point spécial qui me ramène à la proposition faite par M. le Dr Thiry : « que les médecins chargés de l'examen des prostituées ne doivent pas les soigner. »

Le règlement du dispensaire de Paris défend aux médecins, comme on le fait à Bruxelles, de soigner les filles soumises. Voici l'article du règlement :

Art. 23. « Hors le cas prévu en l'article 18, et, sous aucun prétexte, aucune visite à domicile aux filles inscrites à la police ne peut être faite par les médecins du dispensaire. Ils ne pourront non plus les recevoir à leurs consultations particulières. »

Cet article est formel. Je n'ai pas besoin de dire que tous les médecins du dispensaire se conforment aux prescriptions qu'il contient. Cela n'empêche pas la calomnie de chercher à les atteindre !

Tout récemment, M. Yves Guyot (1), dans un travail qui a pour but spécial de réfuter le rapport de M. le professeur Fournier, n'a pas craint d'écrire les phrases suivantes : « Cela est si vrai que les filles aisées ont « pour habitude, avant de se rendre à la visite officielle, d'aller comme « clientes chez un médecin du dispensaire. C'est de là même qu'il tire ses « principales ressources. »

En lisant cela, on est disposé à penser que l'homme qui écrit, avec tant de placidité et d'un air si dégagé, l'énormité qu'il avance, doit être sûr de son fait et doit avoir des preuves, plein la main, contre la façon d'agir de certains médecins du dispensaire. Il n'en est rien. On affirme avec beaucoup d'audace ; mais on n'a aucune preuve à fournir de l'accusation que l'on propage. On ne calomnie pas seulement une individualité quelconque ; on calomnie, sans hésitation et sans scrupule, une nombreuse cohorte de médecins honorables, qui ont le sentiment de leur devoir !

Et ce n'est pas le premier venu qui débite ces accusations : c'est un député de Paris, le rapporteur général du budget de 1888 !

---

(1) *Revue de morale progressive*, n° de septembre 1887.

Que dirait M. Yves Guyot si l'un de nous affirmait qu'il a l'habitude de vendre sa plume de journaliste, dans telle ou telle question économique pouvant intéresser une grande administration, ou qu'il vend son vote de député, au profit d'une question en litige?

M. Yves Guyot serait indigné, à juste titre, de nos assertions !

Qu'il ne soit pas surpris si nous éprouvons la même impression en face de ses affirmations.

Il me semble que la haute situation actuelle de M. Yves Guyot aurait dû l'engager à plus de réserve !

Il voudra bien me permettre de lui dire qu'il connaît fort peu les clientes dont il se fait l'avocat désintéressé. Si un médecin du dispensaire était assez oublieux de son devoir, pour soigner ou recevoir chez lui des femmes inscrites, il serait signalé à l'administration par les femmes mêmes pour lesquelles il se compromettrait. Bien vite il serait de notoriété publique, parmi les prostituées, que M. le Dr X. reçoit les femmes chez lui. Cela ferait la traînée de poudre ; il n'y aurait pas un employé de la Préfecture qui ne fût mis au courant de cette situation et le médecin en chef ne serait pas longtemps sans connaître les accusations portées contre un confrère. L'intérêt personnel, autant que la dignité, empêchera donc toujours un médecin du dispensaire d'enfreindre le règlement.

Si je ne me trompe, alors que M. Yves Guyot n'était encore que conseiller municipal, son ancien collègue au Conseil, notre regretté confrère le Dr Paul Dubois, qui était notre collègue au dispensaire, avait relevé une accusation analogue.

MM. Yves Guyot et Paul Dubois allèrent sur le terrain vider la querelle.

Il eût peut-être été de bon goût de se rappeler ce souvenir et de ne pas rajeunir une vieille calomnie.

V

Dans la séance du 30 octobre 1886, M. le Dr Warlomont, président de l'Académie de médecine, déclare qu'il partage les idées du Dr Thiry et qu'il a les mêmes opinions que lui sur la prophylaxie de la syphilis et sur la prostitution.

Le docteur Moeller prend la parole dans la séance du 27 novembre 1886 et combat vigoureusement toutes les idées émises par M. le Dr Thiry.

Il commence par poser la question de savoir si la prostitution au lieu d'être organisée ne devrait pas être réprimée par l'autorité civile. Il cherche à démontrer que les résultats hygiéniques des mesures réglementaires sont nuls, en s'appuyant sur les opinions soutenues par M. le Dr Mireur, par M. le Dr A. Desprès, par M. le professeur Fournier. Un des arguments mis en avant, c'est qu'à Bruxelles comme à Paris, les médecins n'ont pas assez de temps pour faire l'examen médical.

Dans un autre passage de son discours, il dit que les visites sont souvent infructueuses et qu'elles peuvent être quelquefois dangereuses.

En s'appuyant sur des statistiques de MM. Diday, Jeannel, Mauriac et Fournier, il arrive à émettre l'opinion que les filles inscrites et visitées sont trois fois plus dangereuses que toutes les autres femmes ensemble! Il en serait de même à Copenhague où les femmes inscrites contamineraient plus que les femmes qui font de la prostitution clandestine !

En s'appuyant sur les statistiques des médecins français dont il cite les noms, M. le Dr Moeller néglige de faire connaître ces statistiques. On est en droit de supposer que l'interprétation qu'il donne n'est pas la vraie.

En ce qui concerne M. le professeur Fournier, en particulier, l'erreur est des plus manifestes.

Le savant rapport qu'il a lu à l'Académie de médecine de Paris, le 7 et le 14 juin 1887, prouve, d'une façon incontestable, que c'est dans la prostitution clandestine que M. Fournier trouve la cause principale de la propagation des maladies syphilitiques.

Ce point de la question a été traité par M. Fournier, d'une façon, à la fois si lumineuse et si éloquente, qu'il est impossible de se méprendre sur ses opinions. On ne comprend pas qu'il ait pu être rangé dans le camp de ceux qui ne croient pas à la nécessité de surveiller la prostitution.

Il en est de même de M. le Dr Mauriac dont l'opinion est toute différente de celle qu'on lui attribue.

Dans une brochure publiée en 1875 (1) il dit :

« Dans les statistiques des malades qui sont venus à ma consultation « de l'hôpital, pendant l'année 1869 et le premier trimestre de 1870, j'ai « noté chaque fois que je l'ai pu, les principales circonstances relatives à « la femme. Or, les résultats auxquels je suis arrivé m'ont démontré, de « la manière la plus évidente, que la source incomparablement la plus « féconde de la contagion vénérienne, c'est la prostitution clandestine. »

Et plus loin : « Les malades qui m'ont consulté pendant ces dix-huit « mois sont au nombre de 5,008.

« Eh bien, sur mes 5,008 malades, 4,012 ont été contaminés par des « filles insoumises et 733 seulement par des filles soumises. La conta- « gion par les premières est donc cinq fois et demie plus considérable que « par les secondes. »

Dans une autre brochure publiée en 1876 (2), M. le Dr Mauriac, à propos des 1,741 syphilitiques qu'il a soignés à l'hôpital du Midi, en 1869 et pendant le premier semestre de 1878, déclare avoir obtenu de 1,633 malades des détails précis sur les femmes qui les avaient contaminés.

---

(1) Diminution des maladies vénériennes dans la ville de Paris, depuis la guerre de 1870-1871.

(2) Rareté actuelle du chancre simple.

« Dans ce nombre, la prostitution clandestine fournit le chiffre énorme
« de 1,414, tandis que la prostitution inscrite ne donne que le chiffre rela-
« tivement très faible de 219.

« Il en résulte que l'infection syphilitique par les premières est six fois
« et demie plus considérable que par les secondes ; c'est-à-dire qu'on s'ex-
« pose six fois et demie plus, en ayant commerce avec une fille insoumise
« qu'avec une fille soumise. »

Après avoir lu ces déclarations, on se demande comment M. le Dr Moeller
a pu ranger M. le Dr Mauriac parmi les apologistes de la prostitution
clandestine !

Dans une autre partie de son discours, M. le Dr Moeller étudie ce qui
s'est passé en Angleterre.

En 1864, lord Clarence Paget présenta le *contagious diseases prevention
act* qui plaçait sous le régime de la réglementation onze stations navales
et militaires. Cet acte fut complété en 1866, année où commencèrent les
visites périodiques.

En 1869, on porta, de onze à quatorze, le nombre des localités auxquelles s'appliquaient les dispositions législatives concernant la prostitution.

Le 23 avril 1883, la Chambre des Communes décide de suspendre par-
tiellement l'exécution des Actes. Le 26 mars 1886, l'abrogation définitive
des Actes fut votée.

M. Moeller cherche à démontrer que les statistiques anglaises, qui
constatent la diminution des affections syphilitiques, à partir de l'application de la réglementation, n'ont pas la portée que lui attribuent les défenseurs de la réglementation. Examinant différents tableaux statistiques
qui semblent en contradiction avec ses théories, il cherche des explications
pour prouver que les chiffres cités ne représentent pas exactement la vérité.

Il parle du Danemark où les tableaux statistiques seraient défavorables
à la réglementation. Il en serait de même à Saint-Pétersbourg. C'est en
étudiant les recherches du docteur Schperck de Saint-Pétersbourg que le
Dr Moeller serait arrivé à cette conclusion.

Le D^r russe Schperck, dont M. le Dr Moeller analyse les travaux, dit
avec juste raison, que c'est dans les premières années de leur carrière
que les prostituées contractent la syphilis et comme généralement, c'est à
cette période de leur existence qu'elles entrent en maison ou qu'elles
sont en carte, il en conclut qu'elles sont plus dangereuses que les femmes
qui font de la prostitution clandestine. Les femmes en maison ou les
femmes en carte, voyant, dit-il, plus d'hommes que les femmes qui font
de la prostitution clandestine, sont plus sujettes à contracter la syphilis.

Il faut convenir que ces assertions manquent un peu de logique. Si
les femmes de 18 à 20 ans sont plus susceptibles de contracter la syphilis,
elles restent dans les mêmes conditions, qu'elles soient en maison, en

carte ou à l'état d'insoumises; mais celles qui sont en maison étant soumises aux visites bi-hebdomadaires, comme à Bruxelles, ou hebdomadaires, comme à Paris, sont bien moins dangereuses, puisqu'à l'apparition du moindre symptôme, elles sont envoyées à l'hôpital. Il en est de même pour les femmes en carte. Les insoumises, au contraire, n'étant pas examinées continuent à se livrer à la prostitution, qu'elles soient ou non contaminées. S'il arrive quelquefois que certaines insoumises se préoccupent de leur santé, dans le but de conserver leur clientèle, combien la masse se préoccupe peu de ces détails et ne pense qu'à vivre et à gagner de l'argent !

Dans les idées du médecin russe, cité par M. le Dr Moeller, il se trouve une opinion qui a, au moins, le mérite de l'originalité. M. le Dr Schperck trouve que les filles qui sont en puissance de syphilis, alors même qu'elles n'auraient pas des manifestations extérieures, devraient former une classe dans les maisons publiques, et n'avoir des rapports qu'avec des hommes ayant déjà eu la syphilis !

M. le Dr Moeller cite cette opinion en disant tout ce qu'elle a d'exorbitant. Après avoir examiné les opinions de certains médecins russes, le Dr Moeller étudie les doctrines professées en Italie et arrive au même résultat : la suppression de la réglementation des prostituées.

VI

M. le Dr Thiry ne veut pas laisser passer les opinions défendues par le Dr Moeller sans protester; il le fait avec la vigueur, l'entraînement et la conviction ardente qu'il a apportés dans cette discussion. Il conteste que les opinions prêtées aux Drs Diday et Jeannel soient conformes à leur manière de voir. M. le Dr Diday a félicité la ville de Bruxelles des mesures préventives et administratives qu'elle a prises contre les dangers de la prostitution. Ce qui prouve qu'il n'est pas partisan de la liberté de la prostitution; c'est lui qui a formulé l'opinion suivante : « Il faut un fier et prud'hommesque respect de la liberté individuelle pour — alors que l'on rejette, à l'applaudissement du public, une barbue faisandée — laisser dans le commerce une femme pourrie. ».

Quant à M. le Dr Jeannel, M. Thiry cite une lettre qu'il vient de recevoir de ce confrère, où il est dit : « Il est bien remarquable que les hommes qui réclament la liberté de la prostitution soient précisément les mêmes qu'on trouve sapant de tout côtés, l'état social civilisé, dont les théories nous ramèneraient à la barbarie. »

Pour ce qui concerne l'Angleterre, dont M. le Dr Moeller admire la moralité et dont il parle avec enthousiasme, M. le Dr Thiry en fait un tableau très noir, quant à la moralité et à la prostitution; il dit notamment, en parlant de Londres : « La moralité est détestable; la dépravation la plus éhontée s'y étale avec une véritable audace, qui ne serait tolérée ni à Paris, ni à Bruxelles, ni nulle part. »

VII

A la séance de l'Académie de médecine du 18 décembre 1886, le président communiqua une lettre du D' Graham Balfour, membre correspondant à Londres, qui réfute les assertions de M. le D' Moeller, au sujet de ce qui s'est passé en Angleterre.

Ce document est trop important dans la question, pour ne pas le donner en totalité.

« J'ai lu dans le procès-verbal du 27 novembre dernier un paragraphe « ainsi conçu : L'essai de réglementation de la prostitution en Angle- « terre est également défavorable à cette mesure. Si on examine la « marche des affections vénériennes dans les localités où cet essai a été « tenté, et si on la compare à celles des villes où la réglementation n'a « pas été appliquée, on constate que la fréquence de la syphilis n'a. « guère été modifiée par ces mesures. »

« En ma qualité de membre correspondant de l'Académie, il est de mon devoir de vous montrer combien cette opinion est erronée et de vous indiquer les documents authentiques qui le prouvent.

« Le rapport du département médical de l'armée pour 1882 (vol. XXIV) contient un tableau qui établit l'influence que les Actes, concernant les maladies contagieuses, ont exercée, chaque année, à partir du moment ou la réglementation a été mise en vigueur, c'est-à-dire à partir de 1864 jusqu'à la fin de 1882.

« Les Actes n'ont été appliqués qu'à 14 villes de garnison et ports de mer. Les maladies vénériennes, qui ont été constatées dans ces localités, ont été mises en parallèle avec les mêmes affections observées dans 14 villes de garnison où les Actes n'ont pas été mis en vigueur. Cette comparaison donne les résultats suivants : pendant les quatre années qui ont précédé l'application des Actes, les admissions dans les hôpitaux, pour ulcère vénérien primitif, de soldats casernés dans les 14 stations, régies subséquemment par ces Actes, ont été de 130 p. 1000 ; tandis que, dans les 14 autres stations, elles étaient de 116 p. 1000.

« Pendant les six premières années (1864 à 1869), où les Actes ont été mis graduellement en vigueur, les admissions dans les hôpitaux ont été de 87 p. 1000, dans les stations soumises à la réglementation, et, dans les 14 autres stations, de 108 p. 1000.

« De 1870 à 1882, années pendant lesquelles les Actes ont été en pleine vigueur, les entrées de militaires aux hôpitaux, pour ulcère vénérien primitif, n'ont été que de 50 p. 1000 dans les 14 stations régies par les Actes, tandis qu'elles s'élevaient à 118 dans les 14 autres.

« Les résultats, loin d'être défavorables à la réglementation, montrent donc qu'il y a eu une réduction de plus de moitié dans ces stations où les Actes ont été mis en vigueur.

« A la page 10 du recueil précité se trouve un autre tableau, qui confirme ces résultats. Il établit que le nombre des malades, constamment en traitement dans les hôpitaux pendant les 13 années susmentionnées, pour ulcère vénérien primitif, a été, en moyenne, dans la proportion de 3,97 p. 1000 dans les stations régies par les Actes et de 9,16 p. 1000 dans les autres.

« Ces statistiques n'ont été établies que jusqu'à la fin de 1882, parce qu'en mai 1883 les Actes ont été suspendus en ce qui concernait l'examen des prostituées. La conséquence de ce changement peut être appréciée par l'état suivant des admissions dansles hôpitaux, pour ulcère vénérien primitif :

	Stations régies par l'Acte	Stations non régies par l'Acte
Moyenne 0/0 des 13 années (1870-1882)	50	118
1883. Acte suspendu, en mai.	110	188
1884. Acte suspendu toute l'année . .	138	160

« Les résultats qui concernent l'armée sont pleinement confirmés par ceux qui ont été constatés dans la marine.

« Je crois devoir faire remarquer que j'étais à la tête du bureau de statistique du département médical de l'armée, lorsque les Actes prémentionnés ont été mis en vigueur. *Mon opinion était alors défavorable à la réglementation ;* mais j'estimais qu'il était de mon devoir de constater loyalement les résultats obtenus. Dans ce but, j'indiquai la marche à suivre dans la rédaction des tableaux statistiques des rapports.

« *Ce ne fut qu'après un examen soigneux des faits recueillis et établis par la statistique que je changeai d'opinion : les résultats utiles, obtenus pendant l'application des Actes, m'avaient pleinement convaincu.*

M. le Dr Crocq, qui prend la parole après la lecture de cette lettre, montre que la prostitution a existé chez tous les peuples; on la trouve chez les Hébreux, on la constate chez les Égyptiens, chez les Grecs et chez les Romains. Chez les peuples barbares de l'Afrique centrale et de l'Australie comme chez les habitants de Paris, de Londres ou de New-York, on rencontre toujours la prostitution sous des formes ayant entre elles de grands points de ressemblance et d'analogie. Qu'il soit triste et déplorable, pour l'humanité, d'avoir à constater ce fait, c'est certain ; mais, c'est un fait indéniable. La prostitution étant un mal qu'on ne peut pas empêcher, il s'agit de savoir ce qu'il faut faire pour qu'elle produise le moins de désastres possible, au point de vue moral et au point de vue de l'hygiène. M. Crocq, qui est partisan de la visite des femmes, examine les contradictions, existant entre les statistiques des partisans ou des adversaires de la réglementation et montre que ces erreurs sont dues à ce qu'on n'examine pas tous les points de la question. Il réfute les statistiques de MM.

Fournier et Mauriac. M. le Dʳ Crocq démontre que les insoumises sont beaucoup plus dangereuses que les femmes en carte et que les femmes de maison. Il conclut aux visites médicales fréquentes chez les femmes qui se livrent à la prostitution, et à une surveillance rigoureuse des prostituées clandestines. Répondant à ceux qui prétendent que réglementer la prostitution, c'est la protéger, M. le Dʳ Crocq cite les paroles de Delavaux, préfet de police de Paris, en 1823: «La police n'autorise pas la prostitution; elle la surveille et se donne tous les moyens possibles de rendre cette surveillance efficace. » Pour M. le Dʳ Crocq, surveiller la prostitution, ce n'est pas la protéger ; c'est chercher à supprimer ou tout au moins à diminuer ses dangers.

Parlant ensuite de la campagne que les Anglais ont faite en Belgique, soi-disant contre la traite des blanches, le Dʳ Crocq fait un sombre tableau de ce qui se passe en Angleterre au sujet de la prostitution :

« Les Anglais, dit-il, n'ont pas généralement des lupanars officiellement reconnus, mais il suffit de passer 24 heures à Londres pour y voir, en pleine rue, le raccrochage le plus éhonté, le marchandage et la prostitution en plein air, comme cela ne se rencontre nulle part ailleurs; à Manchester, à Birmingham, le spectacle de la prostitution est encore plus écœurant qu'à Londres.»

Du discours de M. le Dʳ Crocq, je ne veux retenir, en ce moment, que ce qui concerne les difficultés qui empêchent d'avoir de très bonnes statistiques. Les erreurs se produisent, sans qu'on puisse les soupçonner, alors qu'on croit avoir pris toutes les précautions pour les éviter.

Dans son rapport lu à l'Académie de médecine de Paris, dans les séances du 7 et du 14 juin 1887, M. le professeur Fournier cite une statistique militaire, communiquée par M. Collin et due à deux médecins militaires distingués.

Trente-deux soldats ayant contracté la syphilis ont été interrogés, et de leurs dépositions il résulte que :

2 ont été contaminés dans des maisons publiques.

1 a été contaminé par une rôdeuse de postes.

11 ont été contaminés par des prostituées en chambre.

18 ont été atteints dans les débits de vins.

Je suis disposé à croire qu'il y a là une erreur en ce qui concerne les femmes en carte et en maison. Il arrive, en effet, que le soldat qui est interrogé, se trouvant dans l'obligation de donner le nom de la femme qui l'a rendu malade, donne le premier nom qui lui passe par la tête, attendu qu'il ignore, le plus souvent, par qui il a été rendu malade. Il cite, à tout hasard, le nom d'une fille en maison ou en carte, parce que ce nom est dans sa mémoire et qu'il a oublié le nom de la femme de rencontre par qui il a été contaminé.

La femme dénoncée est signalée, par l'autorité militaire, à la préfecture de police, comme ayant donné au soldat X une affection déterminée. On charge un médecin du dispensaire de l'examiner ; quelquefois l'examen est fait par deux médecins. La femme étant signalée comme ayant contaminé un militaire, est examinée avec un soin minutieux, avec le très vif désir de la trouver malade. Or, il arrive presque toujours, que les femmes dénoncées sont trouvées saines. Elles ne pouvaient donc pas être responsables des accidents constatés sur les militaires qui avaient donné leur nom. Il y a là par conséquent, au point de vue de la véracité de la statistique, une très grosse cause d'erreur qu'il m'a paru utile de mentionner et qui montre, encore une fois, combien les statistiques les mieux faites peuvent être inexactes.

VIII

Dans la séance du 29 janvier 1887, M. le Dr Miot proteste contre l'opinion de M. le Dr Thiry qui admet la nécessité de la prostitution. Cette restriction faite, M. le Dr Miot adopte toutes les mesures de réglementation préconisées par M. le Dr Thiry ; il trouve que restreindre la syphilis est une vérité sociale, un devoir impérieux. Examinant l'opinion de ceux qui, sous prétexte de respect dû à la liberté individuelle, prétendent qu'on ne doit pas soumettre les prostituées à des mesures vexatoires, M. le Dr Miot fait observer, avec juste raison, que la liberté individuelle n'est pas ici en question, qu'il s'agit de savoir si on a le droit de propager un redoutable fléau et d'empoisonner une population.

Il admet très bien, avec les défenseurs de la liberté de la prostitution, qu'elle ne constitue ni un crime ni un délit ; mais elle constitue un grave et permanent danger pour la santé publique. Or, comme les autorités ont le devoir absolu de veiller sur la santé du peuple, elles ont à se préoccuper de cette question. Pour les autorités, elles ont, quand il s'agit de la santé du peuple, à s'approprier la fameuse maxime des Romains : *Salus populi, suprema lex.*

Examinant ensuite la prostitution, au point de vue véritable d'un commerce exercé par les femmes, il établit que tout individu exerçant un négoce doit être inscrit sur un registre *ad hoc*. Il ajoute : « La police armée « de peines sévères a le droit et le devoir de surveiller, avec le plus grand « soin, la pureté et la bonne qualité des marchandises livrées. Pourquoi « ne pas faire pour cette autre marchandise, qui peut renfermer un poison « terrible, qui menace l'individu et la famille, ce qu'on trouve naturel « pour toutes les marchandises suspectes ? »

La question est posée par M. le Dr Miot sur son véritable terrain ; il faut l'examiner au point de vue de la réalité et non au point de vue de l'idéal, qui n'a rien à voir, en pareille matière.

Lorsque la femme fait le métier de prostituée, elle fait commerce de son corps, qu'elle livre au premier client venu, pendant une période qui varie suivant des conventions acceptées de part et d'autre. Son corps est une marchandise qu'elle vend plus ou moins cher, suivant qu'il a des qualités plus ou moins reconnues.

La femme qui se prostitue sait fort bien qu'elle fait un commerce ; elle le sait si bien qu'elle déclare à qui veut l'entendre, que les affaires sont dans le marasme, si les clients deviennent rares. Qu'une crise politique survienne, elle affirmera avec la plus grande naïveté, avec la plus grande assurance et aussi la plus parfaite bonne foi, que le commerce est en désarroi et que les affaires sont en souffrance ; elle a été victime de tel désastre financier, comme elle se reconnaît victime de toutes les perturbations qui se produisent dans la ville.

Si la prostituée, dont le corps est une marchandise qu'elle vend plus ou moins cher, fait un commerce public reconnu par elle et reconnu par tout le monde, ne doit-elle pas être soumise à certaines règles auxquelles sont soumis les marchands de denrées plus ou moins saines ?

Lorsque les marchandes de la halle mettent en vente des champignons de nature plus ou moins suspecte, est-ce qu'il n'y a pas des inspecteurs chargés de vérifier la bonne qualité de la marchandise offerte au public ? Si la morille n'a pas les qualités alimentaires requises, si le cèpe est douteux ou que l'oronge soit une fausse oronge, ne voit-on pas les inspecteurs spéciaux détruire ces champignons dangereux, sans que les marchandes crient à la tyrannie, sans que le public, dont on protège la santé, ait envie de dire qu'on attente à la liberté individuelle ? Ce ne sont pas là cependant des aliments de première nécessité, indispensables à la masse du public ; c'est plutôt un régal de gourmets. Il ne vient néanmoins à la pensée de personne de protester contre les mesures qui protègent la santé de quelques rares individus.

N'en est-il pas de même, lorsque des marchands sans scrupules essaient de vendre des poissons faisandés ou de la viande de mauvaise qualité ?

Le public applaudit des deux mains, lorsqu'il voit jeter au ruisseau ces aliments qu'on aurait voulu lui vendre frauduleusement, au détriment de sa santé.

Les économistes d'une certaine école devraient crier contre ces mesures restrictives de la liberté absolue du commerce ; ils devraient protester énergiquement, eux qui sont pour la liberté du laisser faire et du laisser-passer !

N'y a-t-il pas aussi une grave atteinte à la liberté du commerce et à la liberté des personnes, lorsqu'on oblige un armateur à désinfecter un navire et les marchandises qu'il contient, alors que ce navire a séjourné dans un port où sévit une maladie contagieuse ? Ou bien encore, lorsqu'il y a eu à bord, pendant une traversée plus ou moins longue, un décès, ayant les caractères, plus ou moins certains, d'un décès par suite de choléra ou de fièvre jaune ?

Lorsqu'une épidémie sévit dans une localité, n'oblige-t-on pas les habitants à prendre certaines mesures d'hygiène qui amènent souvent une perturbation dans leurs habitudes ?

Ces mesures, qui semblent vexatoires à quelques-uns, ne paraissent-elles pas nécessaires à la masse, qui se rend compte qu'il s'agit, en somme, de protéger la santé générale ?

Si toutes ces mesures hygiéniques semblent naturelles et de première nécessité, alors même qu'il s'agit d'aliments qui entrent, dans une faible proportion, dans la consommation quotidienne du public, n'est-il pas logique de trouver indispensables les mesures hygiéniques appliquées aux femmes dont le métier est de vendre leur corps ? Puisqu'elles livrent leurs appâts comme une marchandise, ne faut-il pas qu'on vérifie cette marchandise spéciale et qu'on s'assure qu'en la livrant à la consommation publique, elle ne renferme pas un poison des plus dangereux ?

Les partisans de la liberté absolue de la prostitution répondront, sans doute, que rien ne force les amateurs de cette marchandise à s'exposer à un empoisonnement spécial et que c'est à leurs risques et périls qu'ils le font.

Sans entrer dans des considérations d'un autre ordre que soulèverait cette réponse, et voulant rester sur ce terrain spécial du commerce que font les prostituées, je pourrais répondre que rien n'oblige les amateurs de cèpes ou d'oronges à manger ces champignons, qu'ils peuvent très bien se passer de ce mets spécial et que c'est à leurs risques et périls qu'ils s'exposent à manger des champignons vénéneux. Il n'y a pas, pour eux, une question de nécessité absolue, mais bien plutôt une question de gourmandise.

Le bon sens public protesterait énergiquement, cependant, contre l'incurie de l'administration, si elle laissait vendre des aliments capables de provoquer des empoisonnements. Il protesterait avec une égale énergie, si des mesures hygiéniques spéciales n'étaient pas appliquées aux femmes qui font marchandise de leur personne et peuvent empoisonner toute une génération.

La thèse spéciale soutenue par M. le Dr Miot m'ayant paru absolument vraie, j'ai cru devoir l'étudier avec quelques détails ; je vais continuer maintenant l'analyse de son discours.

IX

M. le Dr Miot réfute les statistiques produites par M. le Dr Mœller ; en parlant de nos compatriotes, les Drs Diday, Mauriac, Mireur, Fournier, qui prétendent, d'après M. Mœller, que les prostituées inscrites, contaminent plus que toutes les autres, M. le Dr Miot dit : « J'ai en très haute estime la science et la sincérité de ces messieurs ; mais je dois à la vérité de déclarer que dans ma clientèle, c'est tout le contraire qui arrive, et tous les collègues du pays de Charleroi que j'ai consultés, m'ont affirmé la même chose. » Et plus loin : « Une cause très facile d'erreur, c'est ce sentiment plus facile à comprendre qu'à définir, ce je ne sais quoi, que l'on rencontre très souvent, j'oserais presque dire chez tous les syphilisés, et qui les porte à accuser de prime-abord comme foyer d'infection une maison publique, et jamais, ou presque jamais une prostituée clandestine, et moins encore une source plus intime.

« Être pincé là où il est de mise que tout le monde peut l'être, soit, on l'avoue ; mais obtenir un pareil résultat d'une fine partie qui a coûté bien cher, ou d'une conquête que l'on avait rêvée si belle, oh non, jamais ! Des raisons d'ordre tout à fait intime portent quelquefois à céler la cause du mal. »

M. le Dr Miot démontre la nécessité des visites sanitaires ; il réfute les erreurs de quelques personnes qui prétendent qu'il y a insuffisance dans les visites médicales et que ces visites propagent elles-mêmes la syphilis ! Il voudrait que la police sanitaire appartînt au gouvernement et non aux communes. Il fait ressortir l'inconvénient qui existe dans certains cas où le service sanitaire des prostituées se fait dans d'excellentes conditions comme à Charleroi, alors que les communes suburbaines n'ont pas de réglementation de la prostitution ; il en résulte que la prostitution clandestine se fait dans ces communes sur une large échelle et que la syphilis y a son siège d'élection. Il demande enfin que les syphilitiques des deux sexes soient admis de droit dans tous les hôpitaux, dans les localités où il n'y a pas d'hôpital spécial. Il exprime le vœu que les sociétés de secours mutuels, aussi bien que les grandes administrations, fassent disparaître de leurs règlements les articles qui interdisent les secours médicaux et pharmaceutiques aux syphilitiques.

Après M. le Dr Miot, M. le Dr Depaire déclare qu'il est partisan de la réglementation de la prostitution, puisqu'on ne peut pas la supprimer ; il se place au point de vue pratique et non au point de vue d'un idéal impossible.

S'appuyant sur des recherches faites en dehors de la Belgique et en Belgique par M. le professeur Ysseux, M. le Dr Depaire affirme que l'état sanitaire de Bruxelles est plus favorable que celui de la plupart des villes de France et que c'est aux visites bi-hebdomadaires qu'est dû ce résultat. Il ajoute, comme conclusion : « C'est donc une mesure de salut public que la réglementation de la prostitution, car si la prostitution réglementée vient à cesser d'exister, à sa place vous verrez s'établir la prostitution clandestine, beaucoup plus dangereuse pour la santé publique. »

M. le Dr Moeller, qui prend la parole dans cette même séance, cherche

surtout à démontrer que si les statistiques qu'il a produites ont été mises
en suspicion, c'est que ses adversaires n'ont pas employé une excellente
méthode pour arriver à la connaissance de la vérité; il entre, à ce sujet,
dans de longs développements.

La lettre du Dr Graham Balfour, qui repousse si énergiquement les
assertions de M. Moeller, en ce qui concerne l'Angleterre, était fort em-
barrassante pour le champion de la liberté de la prostitution; aussi
M. Moeller cherche-t-il à démontrer que si les conclusions de son contradicteur
ne sont pas conformes à la thèse qu'il soutient, c'est que M. le Dr Balfour
n'emploie pas la même méthode d'investigation et d'interprétation; il en
conclut que la méthode du Dr Balfour est vicieuse et que la sienne est
excellente.

M. le Dr Moeller donne son entière approbation à la suppression des
Actes en Angleterre. Il part de là pour faire un éloge dithyrambique de
la moralité du peuple anglais. Il trouve un argument sérieux de la moralité du peuple anglais, dans ce fait que la presse et la littérature anglaises
sont bien plus morales que celles du continent.

Des procès récents, fort retentissants, et les révélations scandaleuses de
la *Pall Mall Gazette* montrent le peu de valeur d'un pareil argument.

Il peut exister une pudeur très grande dans la littérature, alors que
les habitudes peuvent être hypocritement vicieuses ! On a raison de cacher
le plus possible l'immoralité de certaine classes; mais, de ce que l'immoralité ne s'étale pas au grand jour, cela ne veut pas toujours dire qu'elle
n'existe pas en réalité. Ceux, du reste, qui ont visité Londres et quelques
grandes villes de l'Angleterre, savent que la prostitution s'étale en toute
liberté dans les grands et petits quartiers de certaines cités; ils savent
aussi que la moralité publique laisse terriblement à désirer.

Passant à un autre ordre d'idées, M. le Dr Moeller cherche à démontrer
que les visites sanitaires à Bruxelles sont défectueuses et qu'elles ne sont
pas assez nombreuses. Il persiste à dire que les visites des femmes sont
toujours difficiles, souvent infructueuses et parfois dangereuses. Ces visites
sanitaires sont sans résultat, au point de vue de la propagation de la
syphilis parce que, dit-il, la classe des prostituées clandestines n'étant ni
inscrites, ni surveillées, il s'en suit qu'on ne peut pas arrêter la propagation de la syphilis.

Si les visites sanitaires, qui sont bi-hebdomadaires à Bruxelles, ne semblent pas suffisantes à M. le Dr Moeller, il faudrait donc qu'elles fussent
quotidiennes !

Pour tout médecin ayant quelque habitude du maniement du spéculum,
il semble extraordinaire d'entendre affirmer que les visites des femmes
sont toujours difficiles. Il est certain qu'un jeune docteur novice et inexpé-

rimenté pourra éprouver quelque difficulté à trouver le col et à examiner les différents replis du vagin ; mais, ces difficultés ne disparaissent-elles pas à mesure qu'on acquiert l'habitude du spéculum? Lorsqu'on a l'expérience de ces examens spéciaux on peut rencontrer parfois, chez quelques femmes, certaines difficultés pour arriver au col ; mais, avec de la patience, on arrive toujours au résultat cherché et l'examen que l'on fait alors est un examen sérieusement investigateur.

L'examen des filles en carte ou des filles de maison est facile, parce qu'elles ont l'habitude de bien se placer et qu'elles ne suscitent pas des embarras, en se tenant mal sur le fauteuil spécial, ou en se faisant prier pour se laisser visiter. La situation n'est pas la même, il s'en faut, lorsqu'il s'agit des personnes qui font de la prostitution clandestine.

Celles-ci, surtout les très jeunes filles, ne savent pas se placer convenablement sur le fauteuil ; il faut dépenser beaucoup de temps et beaucoup de paroles avant d'arriver à un bon résultat, car elles suscitent tous les embarras imaginables ; une fois qu'elles sont en situation de pouvoir être examinées, il faut encore beaucoup de temps, beaucoup de patience pour les convaincre qu'elles doivent se laisser visiter. Mais, si l'examen des insoumises est difficile, il est réservé, à Paris, au médecin en chef du dispensaire, qui a l'expérience et les qualités voulues pour remplir ce rôle.

X

Il est bien difficile aussi de comprendre qu'un examen fait sérieusement puisse être infructueux et que des accidents syphilitiques puissent échapper à une investigation soigneuse.

Quant à l'opinion que l'examen des femmes peut-être dangereux et que le spéculum peut propager la syphilis, il me semble inutile d'essayer de réfuter une pareille fantaisie ! (1)

---

(1) Il n'est peut-être pas sans utilité de signaler ce qui se fait au dispensaire de salubrité de Paris.

Une infirmière, chargée de nettoyer les instruments, est attachée au dispensaire. Dès que le médecin s'est servi de l'abaisse-langue ou du spéculum, ces instruments sont lavés et nettoyés avec soin. Il n'y a donc pas possibilité, à aucun point de vue, de contaminer des femmes saines avec des instruments en bon état.

Je puis ajouter, en outre, que le spéculum dont on a voulu faire un instrument dangereux doit être exonéré des méfaits qu'on voudrait mettre sur son compte. Le spéculum, qui est précieux dans beaucoup de circonstances, est inutile dès qu'on a constaté à la bouche, à la vulve ou à l'anus des accidents syphilitiques. Il n'est pas nécessaire d'avoir un complément de diagnostic, dès que les accidents reconnus rendent la femme visitée tributaire de l'infirmerie de Saint-Lazare. Il devient donc inutile dans les cas où les accidents syphilitiques sont manifestés ; il ne fournit pas, en pareilles circonstances, le moindre prétexte à être incriminé.

Je ne veux pas laisser passer l'occasion qui se présente de faire connaître les mo-

Que dire de cette autre assertion: qu'il est inutile d'examiner et de surveiller une certaine catégorie de prostituées, puisque la masse des femmes qui font de la prostitution clandestine échappent aux investigations médicales?

Le simple bon sens affirme que toutes les femmes se livrant à la prostitution et qui sont soumises à la visite, sont moins aptes que celles qui ne sont pas surveillées à propager la syphilis.

Il est certain que l'examen subi par cette catégorie de femmes permet de constater une lésion vénérienne ou syphilitique, dès qu'elle se manifeste; comme cette femme est retirée immédiatement de la circulation et envoyée à l'hôpital, elle se trouve dans l'impossibilité de propager la maladie qu'elle a contractée. Si une catégorie de femmes échappe au contrôle, il n'en reste pas moins certain que celles qu'on examine diminuent d'autant le nombre de celles qui pourraient propager la syphilis en toute liberté; l'examen est donc avantageux quand même.

XI

Les femmes se livrant, d'une façon clandestine, à la prostitution sont celles qui propagent, d'une manière générale, les affections vénériennes ou syphilitiques. Pour la plupart, elles se préoccupent fort peu ou ne se préoccupent pas du tout de leur santé. Ce qu'elles cherchent, c'est gagner de l'argent. On en voit qui sont malades et gravement malades, depuis plusieurs mois, et qui continuent à se vendre à ceux qui veulent bien les acheter. Si elles ne propagent pas indéfiniment la syphilis, c'est qu'elles ont été arrêtées en flagrant délit de prostitution et qu'elles ont été soumises, par suite, à la visite médicale.

---

diflcations heureuse que le nouveau médecin en chef du dispensaire de salubrité, M. le docteur Passant, a introduites dans le service. Il a répondu ainsi à certains *désidérata* signalés dans différentes publications, notamment dans le rapport de M. professeur Fournier. M. le docteur Passant, dès son entrée en fonctions, a exigé que les visites, tant pour les femmes en maison-que pour les femmes en carte, fussent faites d'une façon complète, c'est à dire : examen de tous les orifices et exzéma au spéculum.

Une seconde innovation importante a été réalisée. Il a établi un roulement régulier pour les visites des femmes au dispensaire.

Actuellement les femmes en cartes se rendent au dispensaire de salubrité deux fois par mois. *à jour fixe.*

La visite, dans ces conditions, empêche les femmes d'échapper à un examen régulier à jour fixe. Jadis, avec la méthode ancienne, la femme pouvait rester un mois sans être contrôlée.

Un autre avantage de cette sage mesure, c'est qu'il n'y a plus encombrement au dispensaire, comme cela se produisait à certains jours déterminés, notamment à la fin des quinzaines.

On examine maintenant, tous les jours, un nombre de femmes à peu près égal. Il s'en suit que la visite se fait, sans hâte, d'une façon plus méthodique et plus sure.

Cette investigation révèle le plus souvent, les cas les plus graves de syphilis. J'ai été témoin tout récemment d'un cas analogue.

Le 1er septembre 1887, nous avons vu au dispensaire de salubrité, une jeune fille de 16 ans qui avouait se livrer à la prostitution clandestine depuis un an.

Cette jeune personne, bien que mineure, était atteinte : 1° d'angine syphilitique, 2° de papules muqueuses des lèvres supérieure et inférieure, 3° de plaques muqueuses hypertrophiées de la vulve et de l'anus. C'était un type extraordinaire d'accidents syphilitiques monstrueux. Au point de vue des accidents de la vulve et de l'anus, c'était un cas à faire photographier pour l'instruction des jeunes générations médicales.

Cette jeune fille avouait, sans la moindre vergogne, être malade depuis quatre mois ; sachant parfaitement qu'elle était malade, elle n'en avait pas moins continué à voir des hommes ; elle supposait avoir eu des rapports, depuis qu'elle était malade, avec une série d'individus variant de 80 à 100.

Voilà donc une jeune fille qui a empoisonné, dans toute la candeur de son âme et sans le moindre scrupule, une centaine d'individus.

Si cette personne, qui vivait de la prostitution depuis une année, avait été soumise à une visite médicale, elle aurait été reconnue malade, dès le début et forcée de recevoir les soins médicaux indispensables ; elle n'aurait donc pas eu le moyen de propager la syphilis, à tort et à travers parmi les malheureux ouvriers qu'elle fréquentait et qui, en raison de son âge, pouvaient la supposer fort innocente.

A côté de ce fait si caractéristique, il me paraît utile, pour l'édification de ceux qui ont la naïveté de croire à l'innocence des jeunes insoumises et qui admettent qu'elles savent se résigner à rester à l'hôpital jusqu'à complète guérison, de citer trois ou quatre faits, pris au hasard, qui ont attiré récemment mon attention.

Le 15 octobre 1887, est passée au dispensaire de salubrité et a été envoyée à Saint-Lazare, une jeune fille de 18 ans, atteinte de vaginite et de roséole syphilitique.

Cette jeune fille, qui était restée seulement 15 jours à l'hôpital de Lourcine, pour être soignée de sa roséole syphilitique, en était sortie depuis huit jours.

Dès sa sortie, sachant parfaitement qu'elle n'était pas guérie, elle avait recommencé à faire de la prostitution clandestine.

Une autre jeune fille de 20 ans a été envoyée à St-Lazare le 17 novembre 1887, pour angine syphilitique. Elle avait été traitée à l'hôpital de Lourcine où elle était entrée le 11 octobre 1887 et en était sortie le 6 novembre 1887.

Elle savait parfaitement qu'elle n'était pas guérie et dès sa sortie de l'hôpital, elle a recommencé à faire de la prostitution clandestine.

Le 22 novembre 1887 une fille de 19 ans passe au dispensaire de salubrité et est envoyée à Saint-Lazare pour une angine syphilitique.

Cette fille avait quitté l'hôpital de Lourcine non guérie, le 4 octobre 1887 elle y était entrée le 15 septembre 1887. Elle a repris sa liberté pour continuer son commerce et pour contaminer tous les clients qu'elle a pu rencontrer dans ses pérégrinations.

Le 1er décembre 1887, une fille de 18 ans est envoyée à Saint-Lazare pour angine syphilitique et vaginite.

Celle-ci avait été traitée à l'hôpital St-Louis ; mais depuis quelque temps, elle se contentait d'aller aux consultations et de faire régulièrement le traitement qui lui était prescrit.

Elle savait être malade ; elle se soignait, mais elle n'en continuait pas moins à faire de la prostitution clandestine et à chercher des clients, sans se soucier autrement des accidents syphilitiques qu'elle transmettait.

Le 15 décembre 1887, une jeune fille de 17 ans, vigoureuse, passe au dispensaire de salubrité et est envoyée à Saint-Lazare : 1° pour des plaques muqueuses de la bouche; 2° pour plaques muqueuses hypertrophiées de la vulve et de l'anus.

Cette jeune fille se livre à la prostitution clandestine depuis un an ; elle est malade depuis six mois. Entrée à l'hôpital de Lourcine le 15 septembre 1887, elle n'y a fait qu'un séjour de dix-huit jours, puisqu'elle en est sortie le 4 octobre 1887.

Depuis sa sortie de Lourcine, elle avait continué à recruter des clients. Elle avait, dit-elle, un amant en titre et des amateurs de passage.

La question de la transmission des accidents syphilitiques ne la troublait en aucune façon.

Ces quelques exemples et beaucoup d'autres que je néglige de mentionner prouvent bien, d'une façon caractéristique, que les filles qui font de la prostitution clandestine, continuent, tant qu'elles sont libres, à faire leur métier, qu'elles soient malades ou non. Ils montrent également qu'elles se préoccupent médiocrement de leur guérison, puisqu'elles quittent l'hôpital quand les accidents syphilitiques sont en pleine évolution et cela pour se livrer à la prostitution. C'est une nouvelle preuve que la femme atteinte des accidents syphilitiques les plus sérieux ne se résignera pas à rester à l'hôpital jusqu'à son entière guérison, si elle a la liberté d'en sortir quand elle le désire.

Ces exemples pris au milieu d'innombrables cas analogues, ne sont-ils pas une démonstration éclatante des dangers de la prostitution non surveillée; ne montrent-ils pas combien il serait nécessaire qu'elle fût recherchée avec grand soin ? ne sont-ils pas la preuve que plus on atteint les prostituées clandestines, plus on diminue les cas de propagation de la syphilis? N'y a-t-il pas une nécessité sociale à atteindre ces marchandes de poison syphilitique qui empoisonnent sciemment ceux qui les approchent?

La campagne menée, depuis quelques années, contre la Préfecture de police et, en particulier contre la police des mœurs, par les partisans de la liberté de la prostitution, a produit fatalement ce fait, que les prostituées clandestines n'ont pu être arrêtées en nombre aussi grand qu'avant. Comme conséquence, on leur doit ce résultat de la propagation de la syphilis d'une façon plus active qu'autrefois.

Malgré tout, un certain nombre de prostituées clandestines sont arrêtées et mises, par suite, dans l'impossibilité de propager la syphilis. Plus il y a d'insoumises arrêtées, plus diminue le nombre de celles qui contaminent leurs clients; mais, de ce que toutes les prostituées clandestines ne sont pas arrêtées et soumises à l'examen médical, il ne s'en suit pas qu'on puisse trouver ces arrestations inutiles et arriver à la conclusion citée plus haut : que toutes les prostituées clandestines n'étant pas arrêtées, il est inutile de retirer de la circulation celles qui sont malades, quel qu'en soit le nombre! C'est cependant le raisonnement que font, avec M. le Dr Moeller, les partisans de la liberté de la prostitution!

XI

Dans la séance du 26 février 1887, M. le Dr Thiry répond au dernier discours de M. le Dr Moeller ; il montre qu'à Bruxelles les résultats obtenus par la réglementation de 1843 avaient été des plus satisfaisants; ce n'était que de loin en loin qu'on constatait dans la prostitution surveillée des cas rares de syphilis.

Depuis 1881, c'est-à-dire depuis l'agitation qui s'est faite en Belgique, sous l'influence de certaines associations anglaises, la syphilis est devenue plus fréquente, non par le fait de la prostitution surveillée, mais par celui de la prostitution clandestine qui, en présence de l'hésitation de l'autorité, ne connaît plus de bornes. Il advint, par suite, que M. le Dr Thiry constata, jusqu'en 1886, une recrudescence notable de syphilis constitutionnelle contractée, dans la majorité des cas, chez des filles insoumises.

« La prostitution clandestine, dit M. Thiry, voilà le danger. Dissimulée par les apparences, elle pénètre partout, va frapper la vertu comme le vice, les enfants comme les vieillards et par là même devient d'autant plus redoutable que ces victimes sont inconscientes, et que le médecin est exposé à se tromper dans son diagnostic. »

M. le Dr Thiry comprend, à la rigueur, que des idéologues incompétents en science et en pratique médicales, soient partisans de là liberté de la prostitution, mais il ne peut s'expliquer qu'un médecin de talent puisse soutenir une pareille idée.

Il relève ce qu'il y a d'étrange dans l'opinion de M. le Dr Moeller soutenant que la prostitution clandestine est moins dangereuse que la prostitution réglementée.

Il critique les statistiques de M. le Dr Moeller et fait allusion à l'embarras que lui a causé la lettre de prostestation du Dr Balfour.

M. le Dr Thiry présente l'Angleterre sous un jour beaucoup moins favorable que ne l'a fait M. Moeller et il prouve que l'application des Actes avait donné un grand résultat, tandis que leur suppression a eu des conséquences désastreuses.

M. le Dr Thiry montre ensuite combien sont étranges les opinions de M. le Dr Moeller qui affirme que les visites des femmes sont difficiles et dangereuses.

J'ai examiné, en détail, plus haut, la thèse soutenue par M. le Dr Moeller. Je ne crois pas devoir insister de nouveau.

<h2 style="text-align:center">XII</h2>

Dans la séance du 26 mars 1887, M. le Dr Crocq, en réponse à M. le Dr Moeller, étudiant les difficultés qu'il y a à faire des statistiques exactes, prouve que des hommes bien intentionnés arrivent souvent à des conclusions que les chiffres ne les autorisent pas à poser, et cela, parce qu'on ne tient pas compte de certains éléments essentiels et qu'ils négligent des catégories ayant une importance spéciale.

Passant ensuite à l'examen de ce qui a eu lieu en Angleterre, M. le Dr Crocq, contrairement aux assertions de M. le Dr Moller, affirme que les statistiques anglaises légitiment, au plus haut degré, la réglementation de la prostitution. Il prouve, tout d'abord, que la commission instituée en Angleterre avait jugé qu'il était nécesssaire de maintenir les Actes relatifs à la réglementation de la prostitution. La majorité de cette commission, qui s'était prononcée dans ce sens, était composée d'hommes qui avaient étudié la question à fond; ils avaient eu à constater les effets de la réglementation et les conséquences de la non-réglementation. M. le Dr Moeller aurait dû se prononcer en faveur de l'opinion de ces hommes compétents, au lieu de défendre les hommes qui composaient la minorité de la commission, hommes excellents et très honnêtes, mais n'ayant pas les connaissances nécessaires pour trancher la question.

C'est après avoir étudié les statistiques anglaises que le Dr Crocq se rend compte de l'évolution qui s'est faite dans l'esprit du Dr Balfour, adversaire d'abord de la réglementation, qui en est devenu un partisan convaincu, lorsqu'il a étudié les documents qu'il avait sous les yeux.

M. le Dr Crocq étudie les statistiques de l'armée anglaise ; mais comme l'analyse minutieuse qu'il en fait, reproduit, en partie, ce qui se trouve dans la lettre de M. le Dr Balfour, il me paraît inutile d'insister sur les chiffres si probants, qui ont été donnés plus haut, quelque intéressants qu'ils soient. Il résulte des faits mentionnés par M. le Dr Crocq que, pendant une période de 13 ans, la sypbilis a été deux fois plus fréquente dans les localités non réglementées que dans celles où existait la réglementation ; on peut donc adopter la conclusion que M. le Dr Crocq tire des documents qu'il analyse : c'est que la réglementation de la prostitution a produit des résultats avantageux en Angleterre et que la suppression de cette réglementation a été une chose regrettable.

<h2 style="text-align:center">XIII</h2>

Dans la séance du 30 avril 1887, M. le Dr Barella soutient la nécessité de la réglementation de la prostitution et l'obligation de retirer de la circulation les filles atteintes de syphilis.

Après avoir rappelé la communication du Dr Graham Balfour, qui a fait connaître les effets désastreux, pour l'Angleterre, de la suspension des *contagious diseases Acts*, il donne communication d'un article du journal *The Lancet* du 2 avril 1887. Voici cet article :

« Plusieurs membres du clergé de Woolvich et d'autres personnes influentes se rendent parfaitement compte des maux nés de la suspension des *Contagious diseases Acts*, et le sujet a été de nouveau mis en discussion devant *the Board of Guardians*, dans un meeting récent. Le Révérend J. Jordan y a fait la motion suivante : « L'Assemblée est d'avis que la suspension des *contagious diseases Acts* a entraîné, pour la villle de Woolvich, des conséquences déplorables. Le nombre de soldats en traitement à l'hôpital pour maladies vénériennes et syphilitiques s'est accru, la prostitution est plus scandaleuse que jamais et une quantité plus grande de toutes jeunes filles font le trottoir. » Le Révérend Jordan ajoute qu'il est venu à Woolvich, il y a quelques années, avec la conviction que les Actes n'étaient pas nécessaires, mais qu'aujourd'hui, en sa qualité de clergyman attaché a un des plus mauvais districts de la métropole, il était prêt à affirmer sous serment, devant n'importe quelle commission si on l'en requérait, que non seulement la prostitution était plus florissante que lorsque les Actes étaient en vigueur, mais que le nombre de jeunes prostituées et de mauvaises maisons s'était notablement accru.

« La motion du Révérend Jordan ayant été appuyée, les débats s'ouvrirent sur cette question. Des vues diverses furent échangées. Cette suspension, a fait observer l'orateur, est due en grande partie à des dames, dont les aspirations étaient généreuses, le mobile sacré, mais ces dames n'en ont pas moins fait de la mauvaise besogne. Elles ignoraient complètement des faits qui n'avaient pu parvenir à leur connaissance et qu'elles n'étaient heureusement pas appelées à connaître. Sa motion, mise aux voix, fut adoptée par huit voix contre trois. Il faut toutefois remarquer qu'il n'y avait qu'un peu plus de la moitié des membres présents. »

Ce document vient compléter l'impression produite par la lettre du Dr Graham Balfour.

Dans la seconde partie de son discours, le Dr Barella examine les modifications à apporter dans l'inscription des filles qui se livrent à la prostitution ; il insiste particulièrement sur la nécessité de n'inscrire que les filles majeures et de repousser l'inscription des femmes mariées, alors même qu'elles seraient autorisées par leur mari à se livrer à la prostitution.

Il demande que les visites médicales, pour les prostituées inscrites, aient lieu deux fois par semaine ; il demande aussi que les filles libres inscrites aient un livret qui contiendrait leur état civil, leur signalement et leur photographie.

Ce dernier désidératum est un moyen excellent d'éviter certaines fraudes. Je l'ai vu mettre en pratique dans certaines villes d'Espagne, notamment à Séville.

M. le Dr Moeller, qui prend la parole après M. le Dr Barella, examine, tout d'abord, l'importance de certains tableaux qu'il a dressés sur les maladies vénériennes dans l'armée belge.

Il m'a paru, qu'au point de vue de la discussion pendante devant l'Académie, ces tableaux n'avaient pas l'importance que leur attribuait le Dr Moeller — Il n'y a donc pas à insister sur ce point.

M. le Dr Moeller paraît se défendre de l'opinion qu'on lui attribue de vouloir la liberté de la prostitution. Il considère, qu'au point de vue de ses conséquences, la prostitution est un mal social, parce qu'elle peut exercer une influence fâcheuse sur la moralité publique et sur la santé des populations; aussi, se plaçant au point de vue des deux questions qui dominent ce débat académique, il répond hautement et catégoriquement, que la prostitution ne doit pas être libre; il répond aussi hautement et aussi catégoriquement qu'elle doit être surveillée; mais il établit cette restriction, qu'elle ne doit pas être réglementée.

Il semble que cette restriction couvre un peu la retraite opérée par le Dr Moeller; car, il serait bien difficile de dire comment la prostitution surveillée n'arriverait pas à être la prostitution réglementée.

M. le Dr Moeller, ne croyant pas qu'il soit possible d'améliorer la réglementation telle qu'elle existe en Belgique, en conclut que ce qu'il y a de mieux à faire, c'est de supprimer toute réglementation.

En se plaçant au point de vue de la morale et de l'hygiène, le Dr Moeller demande la suppression des maisons de prostitution.

Il voudrait que la séduction des jeunes filles fût rangée dans les délits que poursuivent les magistrats; il voudrait enfin que des peines sévères fussent édictées contre les hommes ou les femmes qui se livrent habituellement à la prostitution et qui donneraient lieu soit à un scandale public, soit à des plaintes de la part de leurs voisins.

M. le Dr Moeller propose un autre système : il consisterait dans la suppression de l'inscription obligatoire, mais dans le maintien de la visite obligatoire. On poserait en principe, que toutes les personnes, hommes ou femmes, se livrant habituellement à la prostitution ou à la débauche, seraient tenues à des visites périodiques chez leur médecin ou chez un médecin officiel nommé *ad hoc*.

Enfin, d'après un autre système, on pourrait, dit-il, supprimer l'inscription et la visite obligatoires à titre préventif, mais on imposerait la visite à titre répressif.

Ces différents systèmes n'auraient qu'un inconvénient, c'est de n'avoir rien de pratique, et on arriverait alors au système que le Dr Moeller prétend vouloir repousser : la liberté de la prostitution.

XV

M. le Dr Janssens, chargé de la direction du service sanitaire de la ville de Bruxelles, fait remarquer que c'est depuis 1881 que le service sanitaire est entré dans les attributions du bureau d'hygiène, en ce qui concerne l'inspection médicale et que c'est seulement depuis cette époque que l'on peut établir une statistique complète et détaillée de ce service. La statistique ne peut rouler que sur une période de 6 ans, de 1881 à 1886.

Il montre ensuite, à l'aide de tableaux très bien établis, que l'état sanitaire des prostituées en maison et des prostituées éparses est à peu près le même, et qu'il n'existe guère de différence, entre elles, au point de vue de la contagion. Il fait voir que le nombre des malades augmente, par contre, chez cette dernière catégorie de prostituées inscrites en province ou à l'étranger et qui sont de passage à Bruxelles ou viennent s'y établir. Il prouve enfin que les affections vénériennes sont très élevées parmi les femmes qui font de la prostitution clandestine.

M. le Dr Janssens répondant à quelques observations du Dr Moeller, affirme que le nombre des visites à Bruxelles est plus considérable que ne le dit celui-ci. Un point important signalé par M. le Dr Janssens et qui empêche d'avoir des statistiques médicales à l'abri de toute critique, c'est la situation spéciale de Bruxelles. Cette ville, qu'aucune limite matérielle ne sépare plus des communes-faubourgs, compte 174,000 habitants environ, tandis que les huit communes suburbaines ont une population qui s'élève à plus de 270,000 habitants.

Comme la plupart de ces communes suburbaines n'ont pas cru devoir réglementer la prostitution, il est impossible de connaître la situation exacte de ces communes, au point de vue de la prophylaxie de la syphilis.

Comme conclusion à son discours, M. le Dr Janssens se croit autorisé à dire que ce n'est pas une réglementation bien entendue mais au contraire l'absence de toute réglementation qui constitue une protection, un encouragement au vice et à l'immoralité.

Dans cette même séance du 30 avril 1887, M. le Dr Thiry prouve que les documents anglais cités par M. le Dr Moeller ne sont pas conformes à ses assertions, en ce qui concerne la décision prise par la commission royale anglaise, qui avait été chargée d'examiner s'il y avait lieu de maintenir ou d'abroger la réglementation de la prostitution.

Il fait ensuite l'historique de la campagne organisée par la Société de moralité anglaise présidée par Miss Butler pour provoquer dans le public et dans la Chambre la résistance à l'application des *Actes* concernant la propagation des maladies contagieuses.

M. le Dr Thiry termine la réfutation du discours de M. le Dr Moeller en proposant à l'Académie de donner son approbation aux conclusions suivantes :

1° La prostitution qui s'affiche dans les rues, les promenades et les lieux publics étant la cause la plus puissante de la propagation des maladies vénériennes et syphilitiques, doit être interdite.

2° Les personnes qui seront convaincues de se livrer habituellement à la débauche seront inscrites et soumises aux visites sanitaires.

3° Les inscriptions et les visites ne seront autorisées que sous la sauvegarde des garanties qui doivent, dans toutes les circonstances et partout, protéger l'honneur et la dignité des personnes.

4° L'Académie royale de médecine de Belgique, convaincue que les visites sanitaires fréquentes et convenablement appliquées peuvent seules diminuer la propagation des maladies vénériennes et syphilitiques, estime que leur application s'impose aux administrations, non seulement au point de vue de la santé, mais encore de la moralité publique.

XVI

L'Académie de médecine allait discuter, dans la séance du 28 mai 1887, les conclusions déposées par quelques-uns des orateurs entendus, lorsque le Président a donné connaissance d'une dépêche du Ministre de la Justice annonçant qu'il institue une enquête au sujet de la réglementation de la prostitution.

Cette intervention du Ministre de la Justice suspend les délibérations de l'Académie qui décide que la discussion sera terminée, immédiatement après l'enquête du Ministre et qui nomme quatre de ses membres pour faire partie de la commission qui doit fonctionner au ministère de la Justice.

Dans la séance du 30 juillet 1887, le Dr Warlomont rappelle qu'après l'intervention du Ministre de la Justice, l'Académie, sur la proposition du Dr Thiry, avait renvoyé après l'enquête du Ministère, la discussion des conclusions posées par M. le Dr Thiry lui-même. Depuis ce moment, bien que le Ministre de la Justice ait parlé d'une commission devant étudier la question de la prostitution, le chef du cabinet a annoncé aux Chambres qu'il avait l'intention de déposer à la prochaine session législative, un projet de loi sur la prostitution demandant la suppression des maisons de tolérance. Dans ces conditions, le Dr Warlomont demande que l'Académie se prononce sur les conclusions qui ont été déposées.

Après une discussion dans laquelle interviennent MM. Thiry, Bellefroid, Warlomont et le président M. Lefèvre, l'Académie décide, sur la proposition de MM. Thiry et Warlomont que la discussion sera reprise dans la séance du mois d'octobre.

Dans la séance du 29 octobre 1887, l'Académie de médecine de Belgique s'est prononcée sur les différentes conclusions qui avaient été déposées, après une discussion si longue et si sérieuse. Dans cette dernière séance, il n'y a pas eu de discussion scientifique, mais des échanges de vues, en ce qui concerne le règlement de l'Académie. MM. Masoin, Thiry, Crocq, Warlomont, Janssens, Barella, Lefèvre, prennent successivement la parole, mais c'est M. le Dr Thiry qui prend la plus large part à la discussion avec cet entrain, cette énergie et cette conviction qui ne l'ont pas abandonné pendant le cours de ces longs débats. C'est M. le Dr Thiry qui est obligé d'intervenir à chaque instant, puisque ce sont les conclusions déposées par lui que l'Académie adopte avec quelques légères modifications.

Voici les conclusions adoptées :

1° L'Académie estime que la réglementation de la prostitution est nécessaire pour restreindre la propagation des maladies vénériennes.

2° La prostitution qui s'affiche dans les rues, les promenades et les lieux publics, étant la cause la plus puissante de la propagation des maladies vénériennes et syphilitiques, doit être interdite.

3° Les femmes qui seront convaincues de se livrer habituellement à la débauche seront inscrites et soumises aux visites sanitaires.

4° Les inscriptions et les visites ne seront autorisées que sous la sauvegarde des garanties qui doivent, dans toutes circonstances et partout, protéger l'honneur et la dignité des personnes.

5° L'Académie royale de médecine de Belgique estime que les visites sanitaires, fréquentes et convenablement appliquées, constituent le moyen le plus efficace pour arrêter la propagation des maladies vénériennes et syphilitiques.

Ce qu'il y a de remarquable dans le vote du premier point qui constitue, en définitive, la nécessité scientifiquement reconnue de la réglementation de la prostitution, c'est qu'il a été adopté à l'unanimité par l'Académie.

Je dois faire remarquer que le docteur Moeller étant membre correspondant et non membre titulaire de l'Académie ne pouvait émettre de vote.

Tous les autres articles ont été admis à l'unanimité des membres votants; il y a eu deux ou trois membres qui se sont abstenus, parce qu'ils ne trouvaient pas nécessaire d'entrer dans de plus grands développements, le principe fondamental de la réglementation de la prostitution ayant été accepté et reconnu indispensable par tous. Ce qu'il faut remarquer aussi, c'est que, parmi les nombreux médecins qui ont pris part à cette savante et remarquable discussion, un seul, le Dr Moeller, a soutenu des opinions opposées à celles de tous les membres de l'Académie de médecine.

En présence de l'éclatante manifestation qu'a faite l'Académie de médecine de Belgique, par son vote du 29 octobre 1887, la commission instituée par le Ministre de la Justice, quelle qu'en soit la composition, aura bien de la peine à détruire l'impression que ce vote a produit dans tout le pays.

Il sera évident, pour tous ceux qui n'ont pas de parti pris, que cette grave question que l'on a cherché à obscurcir de tant de façons, a été bien jugée, après de longues méditations et des discussions patientes, par des hommes que n'aveugle pas la passion et qui ont le culte de la science et du bien public.

Paris, imp. Paul DUPONT, 24, rue du Bouloi (Hôtel des Fermes). — 92.1.88

9

www.ingramcontent.com/pod-product-compliance
Lightning Source LLC
Chambersburg PA
CBHW061712060726
47597CB00006B/2315